AF224749

PROTESTATION

DE

M. COUTURIER

Officier de l'administration de la Marine

et Instituteur

CONTRE SON ENVOI EN AFRIQUE

ALGER
IMPRIMERIE DE F. PAYSANT ET COMPAGNIE
Rue des Trois-Couleurs, 19
—
1868.

PROTESTATION DE M. COUTURIER

CONTRE SON ENVOI EN AFRIQUE

Alger, le 1er juillet 1868.

En invitant, dans quelques occasions, les hommes occupés de travaux manuels à s'instruire, je leur ai toujours dit : c'est seulement à l'aide de l'instruction que, tout en vous trouvant capables de connaître vos devoirs, vous pourrez bien déterminer aussi l'étendue de vos droits, revendiquer ceux qu'on vous a refusés jusqu'ici, défendre ceux que l'on serait tenté de vous enlever, rendre sensible l'injustice ou l'erreur. Après avoir émis cet avis, il convient que, dans la situation où je me trouve, je ne reste pas muet ; car il ne suffit pas de donner des conseils : il importe d'appuyer ces conseils de faits autant qu'il est possible ; or, comme je pense avoir été envoyé en Afrique sans motifs sérieux, je vais essayer de démontrer que mon jugement n'est pas erroné.

Après ma nomination de commis des directions de travaux à Rochefort, je ne voulais rechercher aucun avancement pour ne pas être exposé à quitter ce pays. Par suite des instances de mes amis, je pris cependant part à un concours pour le grade de sous-agent administratif, et ayant obtenu ce grade, je fus dirigé sur la fonderie impériale de Saint-Gervais, puis sur Toulon. Après quatre ans de séjour à Toulon, une vacance s'étant produite dans le cadre des sous-agents administratifs du quatrième arrondissement maritime, je demandai à rallier Rochefort, que je puis regarder comme mon port d'attache. Voici comment S. Exc. M. le Ministre de la Marine exauça mon vœu :

» Paris, le 23 janvier 1867.

» Monsieur le Préfet,

» Vous m'avez transmis une demande par laquelle M. Cou-
» turier sollicite son passage du cadre de Toulon à celui de
» Rochefort. L'examen que j'ai fait de la situation de ce sous-
» agent, m'a donné lieu de constater qu'il a publié une gram-
» maire spécialement destinée aux travailleurs, et à la suite de
» laquelle il a été inséré, sous prétexte d'exemples de style,
» des pétitions rédigées par lui-même et destinées à servir de
» modèles pour toutes réclamations, même les plus étranges,
» que les ouvriers de nos arsenaux peuvent se croire en droit
» de formuler. Il me suffira d'ailleurs, d'appeler votre atten-
» tion sur la page 59 de ce recueil (Lettre d'Orsini), pour
» vous donner une idée de l'esprit dans lequel il est conçu.

» En publiant cet ouvrage, d'un caractère politique si
» tranché, et dans lequel sont accumulés des documents
» évidemment propres à entretenir et à propager le mécon-
» tentement et l'indiscipline parmi les ouvriers des arsenaux,
» M. Couturier s'est placé dans une situation qui ne doit
» pas être tolérée. Je n'ai donc pas cru devoir accueillir sa
» demande d'aller servir à Rochefort, mais j'ai décidé qu'il
» sera envoyé à Alger.

» Recevez, etc.

» *Signé* : Rigault de Genouilly. »

Dans ma grammaire, dit M. le Ministre, j'ai inséré des pétitions fort étranges. Comme Son Excellence, M. Rigault de
Genouilly, est, dit-on, un homme juste, et que pour lui faire
prendre envers ses subordonnés des décisions qui ne soient
pas équitables, il faut d'abord l'induire en erreur, il a dû regarder comme chose impossible que des ouvriers de nos arsenaux aient pu avoir à formuler certaines réclamations ; ajou-
tant foi à ce qu'on lui disait, il a cru non-seulement que j'avais
rédigé les pétitions, mais encore que j'en avais inventé les
sujets. Sans doute les pétitions ont été rédigées par moi-même,
mais les sujets, je n'ai pas eu besoin de faire le moindre effort
d'imagination pour les trouver.

Il est tout naturel de penser qu'il a dû paraître étrange à
Son Excellence qu'un misérable ouvrier ait pu être congédié
après *vingt-deux ans dix mois de service*, sans aucune
ressource, sans qu'on lui laissât finir ses vingt-cinq ans d'activité, alors que, loin d'avoir commis aucun méfait, on venait
de le juger digne d'être admis parmi les chevaliers de la Légion-d'honneur. M. le Ministre a pensé que c'était là une
réclamation de fantaisie ; mais contrairement à l'opinion de
Son Excellence, la pétition n'était relative qu'à quelque chose
de tout à fait réel. L'amiral est né à Rochefort ; hé bien ! une
multitude de nos concitoyens pourraient lui attester que le
fait est des plus exacts : c'était sous le ministère de l'amiral
Hamelin ; la dépêche était signée Hamelin ; ce qui semblerait
démontrer que les lettres que signent les ministres ne contiennent pas toujours des prescriptions contre lesquelles il
soit impossible de protester justement.

L'ouvrier de la marine qui était l'objet de cette réclamation, fut réadmis, il est vrai, dans l'arsenal de Rochefort ;
mais veut-on savoir combien l'on fit de pétitions pour obtenir ce résultat ? On ne dut pas en faire moins de quatre ; et
encore fallut-il une conjoncture extraordinaire, pour que ce
résultat s'obtînt. La quatrième et dernière que je transcris
ici, pour que, par un spécimen, on puisse juger de l'étran-
geté de nos pétitions, donne tous les détails relatifs à cette
conjoncture : l'homme dont, sur sa demande, j'avais entrepris de plaider la cause, végétait depuis quatre ans ; il avait
perdu tout espoir que justice lui fût rendue ; je le rencontrai

marqué des stigmates de la misère ; nous convînmes de tenter une dernière démarche, et voici ce qui fut écrit :

« Amiral, j'avais pris part à plusieurs guerres sous Napo-
» léon Ier, notamment à celle d'Espagne, où la croix m'avait
» été destinée ; malgré mes blessures, je ne m'étais décidé à
» quitter l'armée qu'après Waterloo, à la suite du combat
» livré sous Namur où les Français en retraite abattirent en-
» core six mille coalisés ; enfin je me trouvais avoir ac-
» quis vingt-deux ans dix mois de service comme sol-
» dat et ouvrier des ports. Cependant, Amiral, chose
» étrange ! pour ainsi dire le lendemain du jour où Napo-
» léon III avait, passant à Rochefort, mis lui-même sur ma
» poitrine l'insigne de la Légion-d'honneur, ordre fut donné
» de me congédier de l'arsenal, à cause de mon âge avancé.
» Je fus stupéfait, en apprenant qu'on ne me laissait pas le
» temps de finir mes 25 ans de service, qu'on chassait un
» vieillard qui se trouvait n'avoir été l'objet d'une haute dis-
» tinction, que pour être ensuite privé de toute ressource,
» puisqu'on le mettait dans l'impossibilité d'achever d'ac-
» quérir des droits à une modeste pension. Je protestai con-
» tre un acte aussi extraordinaire ; le Ministre, dans une dé-
» pêche du 30 janvier 1858, montra pour moi de la bienveil-
» lance, et mon ancien chef, M. Joffre, parla de ma cause
» dans les termes les plus favorables. Néanmoins mon at-
» tente fut vaine. On ne voulait pas se déjuger : l'affaire
» s'évanouit. M. de Chasseloup-Laubat, alors qu'il était sim-
» ple député, m'avait dit : Vous avez été victime d'une me-
» sure illégale ; mais je ne suis pas en position de faire pour
» vous ce que je voudrais, ce qui devrait être fait ? Absorbé
» par les plus hauts intérêts, aujourd'hui qu'il est Ministre de
» la marine, il ne pourrait songer à moi que si l'on me rap-
» pelait à son souvenir ; mais je suis certain qu'alors il ferait
» en ma faveur ce qui serait jugé convenable.
» Mon Amiral, ma détresse est extrême ; et je me trouve
» dans cette situation, après avoir servi l'Etat pendant vingt-
» deux ans dix mois, après avoir versé de mon sang pour le
» pays, et m'être vu décorer du signe de la bravoure et de
» l'honneur par les mains mêmes de Napoléon III !
» Si l'Empereur pouvait tout savoir, ma misère aurait
» cessé depuis longtemps !
» Heureusement, vous représentez parmi nous sa bon-
» té, aussi bien que son pouvoir. J'ai songé, dans la pré-
» sente conjoncture, à vous adresser un appel. Daignez
» plaider ma cause, Amiral, et je la crois enfin gagnée.
» Vous obtiendrez, je n'en doute pas, ma réadmission dans
» l'arsenal, afin que j'y accomplisse les vingt-six mois de
» service qui me restent à faire, pour avoir des titres à une
» pension de retraite.   21 septembre 1861. »

On voit, par ce simple spécimen, quelle est la valeur de

cette épithète d'étrange appliquée aux pétitions contenues dans ma grammaire. La plupart des gens irrités contre moi, savent parfaitement qu'elles ne sont pas aussi bizarres qu'elles le paraissent. Y aurait-il vraiment des personnes prenant plaisir à commettre des injustices, mais qui sont fort contrariées quand leurs actes se trouvent divulgués avec quelque énergie ? A côté de ces gens-là, s'il en existait, il y aurait du moins de nobles âmes qui pensent que les intérêts des plus humbles doivent être ménagés avec soin ? Un officier supérieur me dit au sujet de mon livre : « Vous avez bien fait : la publicité donnée à ces iniquités, à ces erreurs, rendra circonspects ceux qui, soit insouciance, soit dureté de cœur, agissent envers les malheureux comme ils seraient si loin de trouver bon qu'on agit envers eux-mêmes. »

Ce ne doivent pas être les pétitions qui sont étranges. Ce qu'il y a d'étrange surtout, c'est que des ouvriers aient été obligés d'en adresser de pareilles ; c'est qu'il se soit trouvé des personnes faisant si bon marché des droits d'autrui, personnes qui, très probablement, si l'on eut pris de semblables mesures envers elles, n'auraient pas manqué de remplir le pays de leurs clameurs. Si nos pétitions avaient été inventées, je l'avoue, c'eut été fort mal, puisque j'aurais sans motif déversé de l'odieux sur l'autorité ; mais on ne juge plus ainsi, en sachant qu'elles sont relatives à des actes réels. Il est vrai que sous forme de lettres, j'ai fait ressortir la nécessité d'appliquer, le plus tôt possible, certains grands principes ; mais, pour cela même, il ne paraît pas légal d'avoir sévi contre moi, précisément à l'instant où des décrets, des lois, venaient de montrer la justesse de nos idées.

Par exemple, dans une première pétition, je disais que, puisque depuis dix ans, toutes les choses nécessaires à la vie avaient renchéri, les salaires des ouvriers devaient être augmentés de telle sorte qu'il y eût compensation. J'émettais encore ce principe que tout citoyen ne doit avoir à son élévation, d'autres bornes que celles marquées par son talent et ses services, et que, par suite, il y avait quelque chose de fâcheux à dire à un ouvrier des arsenaux, pouvant fort bien avoir du génie : Tu atteindras ce rang subalterne, mais tu n'iras pas plus loin. Ces idées sont-elles étranges ?

Dans une seconde lettre, je dis que la réduction des heures de travail dans les chantiers et ateliers de l'industrie privée, comme dans ceux de l'Etat, doit être la conséquence de l'emploi des machines qui se généralise si sensiblement. Tous les économistes pensent, en effet, que la machine est appelée à décharger l'homme d'un travail écrasant, et à lui permettre de cultiver davantage son esprit et son cœur, ce qui ne pourrait avoir lieu si les longues heures de travail qui, aujourd'hui réduisent l'ouvrier à une vie purement physique, ne subsaient une réduction. En résumé, je suppose que les ouvriers des arsenaux de la marine demandent que les heures de présence sur les travaux soient mieux réparties entre l'hiver et l'été. Y a-t-il donc là émission d'une idée absurde?

Dans une autre réclamation, l'on dit qu'il serait juste que les ouvriers des arsenaux pussent voyager sur les chemins de fer, en payant le quart du prix de la place. Franchement, n'est-il pas étrange qu'un ouvrier des ports n'ayant que 1,000 fr. de solde, paie pour circuler sur les voies ferrées quatre fois plus qu'un fonctionnaire qui a 10,000, 15,000 francs d'appointements? Une foule de chefs principaux de la marine ont reconnu qu'il serait désirable que l'ouvrier, le contre-maître, le maître des arsenaux jouissent d'un avantage qui est fait au distributeur, au magasinier, à l'écrivain, lesquels n'ont pas au service d'attaches plus fortes que n'en ont les divers agents du personnel ouvrier. M. Dupuy de Lôme, trouva cette réclamation si peu déraisonnable, qu'il avait annoncé aux ouvriers qu'il s'emploierait auprès du Ministre des travaux publics pour que leur vœu fût exaucé.

Qu'y a-t-il d'étrange encore à prétendre que l'ouvrier ayant 1,200, 1,500 fr. de solde devrait avoir un peu plus de 365 fr. de pension, puisque des agents, des employés qui ont 1,200 fr. d'appointements, ont une pension de 900 fr. au minimum! Personne ne pourra jamais donner de bonnes raisons pour justifier de pareilles anomalies. Je suis tellement circonspect, que je n'ai pas publié encore un travail que j'ai rédigé avec le plus grand soin sur cette question extrêmement intéressante pour les ouvriers des ports et les marins des équipages de la flotte, et cependant j'ai la conviction qu'on serait fort embarrassé pour répondre rien de bien sérieux aux arguments que j'ai trouvés. On pourrait dire qu'il convient de faire la part beaucoup plus large aux classes supérieures qu'aux classes populaires ; mais la réplique qui serait excellente dans un état aristocratique, perdrait singulièrement de sa valeur dans un pays de suffrage universel.

Mon plaidoyer serait beaucoup trop long si je voulais prendre chaque document pour texte d'une discussion. Plus je développerais mes idées, plus, j'en ai la persuasion, on apprécierait que j'ai été tout à fait prudent, que je n'ai voulu traiter que des sujets dignes des penseurs, des hommes justes. Et ce qui prouve que je ne suis pas trop présomptueux, ce sont les décisions prises postérieurement à la publication de ma grammaire. Si les pétitions qui y sont insérées sont des plus étranges, pourquoi a-t-on cru devoir créer des maîtres principaux ? Pourquoi a-t-il été décrété que le maître pourrait devenir officier du génie maritime ? Pourquoi, par un décret du 18 janvier 1867, juste quelques jours avant que l'on se décidât à m'envoyer en Afrique, a-t-on amélioré les salaires des ouvriers des arsenaux, et a-t-on rendu meilleure la pension de quelques agents ? N'avait-on pas déjà distribué pour Toulon, les heures de travail d'une manière plus rationnelle entre l'hiver et l'été ?

Est-ce un mal encore d'avoir présenté, dans un autre ordre d'idées. la petite-fille de Lesurques réclamant la réhabilitation de son grand-père, mort innocent sur l'échafaud ; aujourd'hui même. cette réclamation n'a-t-elle pas été accueillie, disent tous les journaux, par le Garde des Sceaux ? Le dossier de cette affaire n'est-il pas entre les mains de M. le Procureur général Delangle ? ce qui fait espérer qu'enfin la réhabilitation de Lesurques sera prononcée. Est-ce un mal d'avoir prêté quelques mots de réclamation à l'homme incarcéré pour un autre, et qui pense que lorsque la justice reconnaît qu'elle a tenu sans motifs, un homme en prison, loin des siens, et que souvent elle a causé sa ruine, elle lui doit, pour les maux qu'il a soufferts, pour les pertes matérielles qu'il a pu éprouver, autre chose que la liberté pure et simple et quelques condoléances ? Depuis la publication de cette pétition, les rigueurs de la prévention n'ont-elles pas été adoucies ?

En somme, que prouvent tous ces résultats ? Cela justifie-t-il l'animosité que l'on a eue contre moi ? Non! Cela démontre tout simplement qu'il ne faut jamais se lasser de plaider les bonnes causes, malgré les obstacles accumulés par les préjugés, la routine, ou même les intérêts des gens qui profitent de l'erreur, de l'injustice, des abus. Tôt ou tard, la raison doit avoir l'avantage. Au premier moment, beaucoup de personnes disent : c'est une utopie ; puis elles finissent par dire : cela pourrait bien ne pas être aussi impossible que nous le pensions, et la bonne cause finit par avoir un si grand nombre d'adhérents que sa puissance devient formidable, et, alors, ce qui semblait anormal paraît tout naturel ; mais la raison triompherait-elle, si personne n'osait essayer de la faire prévaloir, même en courant le risque de se tromper ?

Que mes lecteurs que je prends pour juges, pour mes meilleurs juges. car l'opinion publique, dans presque tous les cas, est bien autrement sérieuse que ces décisions prononcées par des hommes souvent justes et bons, mais qui sont d'autant moins infaillibles qu'on ne leur dit pas toute la vérité, que mes lecteurs, dis-je, considèrent que lorsqu'on a fait prendre au Ministre nouveau une mesure coercitive envers moi, au sujet de ma grammaire, cet ouvrage était déjà publié depuis *trois* ans. Selon les termes de la loi sur la presse. il y avait prescription. Le dépôt légal de l'ouvrage avait été fait; j'en avais présenté des exemplaires à plusieurs chefs principaux; je l'avais propagé partout de la manière la plus ostensible. Aucune mesure n'avait été prescrite contre ce travail, pas plus qu'envers moi. Plusieurs personnes m'avaient fait quelques observations au sujet de la lettre du comte Orsini, dont je parlerai tout-à-l'heure.

De plus, M. le Préfet du Var. sur la proposition du Recteur de l'académie de ce département, et M. le Recteur connaissait mon ouvrage. puisque j'en avais remis un exemplaire à l'Inspecteur primaire de l'arrondissement de Toulon, m'avait autorisé à établir mes cours de langue française, et son autorisation me fut maintenue jusqu'au dernier moment de ma résidence dans cette ville. N'est-ce pas là une preuve très-forte que des esprits éclairés, éminents, — mais s'achant juger une œuvre dans son ensemble, au lieu de ne s'attacher qu'à quelques fragments — avaient trouvé mon travail acceptable, et nullement hostile envers l'état de choses existant, et leur dévoûment à l'Empereur n'eut pas manqué de leur en faire reconnaître le mauvais esprit, s'il y en avait eu. Il est trop évident que si, d'après mon livre, on m'avait reconnu pour être un homme de désordre, on ne m'aurait pas laissé tous les soirs en contact avec un grand nombre d'ouvriers d'élite et d'une véritable énergie.

Je suis fondé à croire que ceux qui ont bien voulu me lire jusqu'ici, commencent à reconnaître que les réclamations que j'ai interprétées, n'étaient pas aussi bizarres que l'a cru M. le Ministre ; ils doivent douter que les documents accumulés dans mon livre, constituaient une raison suffisante de m'envoyer en Afrique, au lieu de me laisser rentrer dans mon pays, comme c'était mon droit ; car un sous-agent de Rochefort, nommé après moi, avait obtenu d'y retourner, et on était à la veille de nommer pour ce même port, des officiers de mon grade, qui, ayant toujours servi dans le 4° arrondissement maritime, ne devaient subir aucun déplacement.

Après avoir lu la dépêche qui me dirigeait sur Alger, je ne pus me tromper sur la cause de cette mesure. Mes ennemis n'osant pas dire le vrai motif de leur antipathie, cherchèrent le prétexte le plus plausible pour voiler leur animosité, et mirent en avant un ouvrage qui depuis plusieurs années se répandait partout sans encombre. Mais la cause réelle de leur inimitié, ce n'était pas mon livre. Non ! ils s'en sont fait une arme pour frapper en moi un fils du peuple n'oubliant pas son origine, et qui leur semblait résolu ; et en cela ils ne se trompaient point, à plaider toutes les causes des ouvriers, soit pour la réparation d'injustices ou d'erreurs particulières, soit pour que des améliorations générales fussent apportées à la situation, au sort des hommes occupés de travaux manuels.

J'ai lieu de croire mon assertion exacte, puisqu'un chef me dit un jour : on ne vous veut pas de bien, parce que vous êtes l'avocat de toutes les causes que les ouvriers ont à plaider. Il me parla ainsi, à propos d'une réclamation que j'avais rédigée pour un charpentier à qui on refusait des frais de route pour rallier un port alors qu'il était venu dans un autre, servir momentanément et par ordre. Cet homme, qui était mon concitoyen, me fait part de sa situation ; j'acquiers la conviction qu'elle n'a pas été justement appréciée. Pouvais-je ne pas lui formuler une respectueuse requête ? Sa position examinée de nouveau, il est reconnu qu'en effet l'État doit lui donner les moyens de rallier Rochefort. Un nouveau grief était ajouté à ceux du même genre que l'on avait déjà contre moi. Je ne pouvais m'en repentir, dès l'instant qu'un travailleur qui n'avait rien de trop, se trouvait ainsi pourvu de quelque argent pour rentrer dans ses foyers, au lieu de partir sans ressources suffisantes.

Où les gens qui étaient déjà assez malveillants pour moi, ont éprouvé le plus d'irritation, c'est dans la période de juin 1865 à janvier 1867. Ils ont prétendu que, pendant ce temps, j'avais été préoccupé sans cesse d'exciter les ouvriers du port de Toulon à formuler des réclamations. J'ai toujours été disposé à les seconder ; car il n'est pas dans mes habitudes d'entreprendre de plaider une cause pour ensuite l'abandonner ou la trahir ; mais je ne les ai pas surexcités. Une forte preuve que l'irritation de nos ennemis prit simplement sa source dans un froissement d'amour-propre, c'est que si, avec une autorité supérieure ne négligeant rien pour faire aimer la Famille Impériale, nous nous étions montrés hostiles à l'état de choses existant, nous n'aurions pas pu plaider la cause jusqu'au dernier moment ; on eut sévi contre nous. Mais il s'agissait seulement d'une question d'humanité traitée avec prudence, et l'autorité supérieure n'intervint que pour nous favoriser ; aussi, pour que, finalement je fusse, frappé, fallut-il l'action cachée de chefs subalternes : les faits vont le démontrer.

En juin 1865, l'Empereur allait passer à Toulon. Les ouvriers se décident à appeler son attention sur la nécessité d'apporter diverses améliorations à leur situation. Ils voulaient se précipiter en masse sur son passage, et lui exprimer leurs vœux, leurs plaintes de vive voix. Comme une cinquantaine d'entre eux suivaient le soir mes cours de langue française, je me trouvais connaître plusieurs des promoteurs du mouvement, et je crus devoir leur conseiller d'agir autrement qu'ils ne se le proposaient : « Si, leur dis-je, vous vous portez en grande affluence sur le passage de l'Empereur, on pourra vous attribuer des projets hostiles ; on prendra des mesures inusitées ; votre contact avec la force publique peut amener des collisions, de regrettables événements. Il vaudrait mieux présenter au Souverain, par l'intermédiaire de quelques délégués, une pétition contenant l'expression de vos désirs, de vos sentiments. »

« Mais les pétitions, objectaient-ils, on n'y prend pas garde ; même quand elles contiennent de justes plaintes on laisse le silence se faire autour d'elle. » — Je crois que la vôtre, leur répliquai-je, si vous savez bien agir, n'aura pas le sort qu'ont beaucoup de pétitions. En ne parlant pas seulement pour vous, ouvriers toulonnais, mais en réclamant au nom de tous les travailleurs de la marine, vous donnez à vos revendications une grande force, et on les prendra en sérieuse considération, parce qu'il y a pour moi quelque chose de la dernière évidence, c'est que l'Empereur voudrait que le plus malheureux des Français fût dévoué à Lui, à l'Impératrice et à son Fils; il sait quelle place importante les ouvriers des arsenaux occupent parmi les classes laborieuses de la France, et l'Empereur voudra que vos demandes soient examinées avec soin. » Tel fut le langage que je tins aux ouvriers : toutes les personnes qui ont su ce fait, ont été unanimes à déclarer qu'à tous les points de vue, j'avais bien agi.

Les ouvriers de l'arsenal, représentés par une délégation, conviennent que la marche conseillée est la meilleure, et ils me demandent de rédiger la pétition. Pouvais-je refuser d'être leur interprète, après leur avoir parlé comme je l'avais fait ? Quel mal y avait-il à faire servir mon habitude d'écrire à exprimer des vœux assurément pleins de modération, puisque plus tard on en a exaucé un certain nombre. Loin de les surexciter, je ne voulus exprimer que des vœux me paraissant bien fondés: La pétition est rédigée et approuvée par les intéressés; dix mille signatures sont envoyées des ports de l'Océan et des établissements de l'intérieur appartenant à la Marine, par lesquelles ces ports et établissements témoignent qu'ils s'associent de tous points à la démarche des ouvriers toulonnais, et unissent leurs protestations de dévoûment à celles qui vont être adressées à l'Empereur. En quoi en tout cela ai-je entretenu et propagé le mécontentement et l'indiscipline parmi les ouvriers des arsenaux? en quoi ai-je provoqué une explosion de sentiments subversifs ?

L'Empereur était sur le point d'arriver ; les délégués qui devaient remettre la pétition à Sa Majesté, en même temps qu'aurait lieu une imposante manifestation sympathique, étaient désignés. C'est alors que l'autorité fit connaître que l'on allait s'occuper de donner suite aux réclamations des ouvriers, et qu'il était désirable qu'aucune demande ne parvînt au chef de l'Etat. Je fus le premier à conseiller aux représentants du personnel ouvrier de satisfaire au désir de l'autorité. Ils promirent de laisser passer l'Empereur, en l'entourant de marques d'affection, mais sans lui rien demander ; et telle fut la loyauté des ouvriers à tenir leur promesse qu'ils ne voulurent pas profiter d'une occasion unique d'intéresser le Souverain à la réalisation de leurs légitimes espérances.

Évidemment l'Empereur savait que les ouvriers toulonnais se disposaient à lui émettre des vœux. On en eut la preuve dans la matinée du 9 juin : un certain nombre d'officiers supérieurs étaient au Mourillon, auprès du navire en construction le *Taureau*, attendant le chef de l'Etat. Un avis leur fait savoir que leur attente est inutile ; et cependant, à peine étaient-ils hors des portes du Mourillon que l'Empereur se trouvait au milieu des ouvriers travaillant dans cet arsenal. Ses regards semblaient leur demander s'ils n'avaient rien à lui dire. Un vieillard avait une pétition à la main ; il l'encou-

rage à la lui remettre. Mais, nous l'avons dit, les ouvriers
furent tout-à-fait fidèles à leur promesse, et Sa Majesté, sa-
luée à son arrivée et à son départ de vives acclamations, ne
reçut l'expression d'aucun vœu général : on comptait que l'administration supérieure, à son tour, tiendrait à ce que les
espérances qu'elle avait fait concevoir ne fussent point
déçues.

Où voit-on qu'en rédigeant la pétition du 9 juin, j'aie été
répréhensible ? Plus tard, M. Dupuy de Lôme passe à Toulon : des membres du comité des pétitionnaires toulonnais se
rendent auprès de lui, et M. le Directeur du matériel de la
marine les invite à renouveler leur requête, en bien déve-
loppant toutes leurs idées : « Je vais m'entretenir, leur dit-il,
avec le Directeur des constructions navales, afin qu'il reçoive
votre travail pour sa transmission au Ministre. » Dans ces
conditions était-ce une chose blâmable que de continuer à
aider les ouvriers à plaider leur cause ? La pétition du 1er janvier 1866, qui servit principalement de texte à la discussion
qui eut lieu au Corps législatif, dans la séance du 20 juin
de la même année, fut alors rédigée, et je demande si la ré-
daction de ces documents méritait que l'on prît à mon égard
une mesure coercitive ?

En 1866, un sénateur a dit : « Le droit de pétition est sa-
» cré, lorsqu'il porte sur des faits dignes d'intérêt, et sur des
» renseignements empreints d'exactitude et de vérité ; mais
» les termes doivent toujours en être convenables. » Toute
personne prenant connaissance de nos pétitions verrait dans
quelle large mesure, les faits qu'elles signalent sont dignes
d'attention ; combien les indications qu'elles contiennent
sont rigoureusement exactes, et sans doute elle ne trouverait pas que notre langage est inconvenant. Assurément
on ne pourrait soutenir que le peuple n'ait pas le droit
de demander justice, puisque c'est de lui que tous les pouvoirs émanent ; mais voudrait-on que le peuple eût ce droit
sans pouvoir l'exercer ? C'est ce que semblerait indiquer la
mesure qui m'a atteint, puisqu'en frappant les enfants du
peuple un peu instruits, on chercherait évidemment à imposer silence aux interprètes naturels de ses misères particulières ou générales.

Nous avons fait d'ailleurs une expérience assez concluante
que ces mots : droit sacré de pétition, ne sont guère que des
mots, dans bien des cas. Par le fait, il fut impossible d'étouf-
fer la pétition des ouvriers maritimes ; on dut faire droit
à des réclamations motivées au plus haut degré ; mais aussi,
à peine un décret avait-il donné satisfaction aux plus légitimes demandes, que moi, qui avais cru pouvoir et devoir rédiger les pétitions, j'étais envoyé en Afrique ; et, il y a plus,
aucun des hommes énergiques qui avaient accepté la mission
de présenter les vœux de leurs camarades, et qui s'en étaient
consciencieusement acquittés ne participèrent aux avantages

de la réorganisation du personnel ouvrier. N'est-ce pas comme si l'on disait tout haut : vous avez un droit : il est sacré ; puis tout bas : si vous en usez, on vous fera à vous, et à ceux qui vous aideront tout le mal que l'on pourra ?

Il faut examiner maintenant, jusqu'à quel point la publication de la lettre adressée par Orsini à l'Empereur, quelques jours avant d'expier son attentat, prouve que mon travail est conçu dans un fâcheux esprit. Avoir mis cette lettre historique, qui a figuré dans tous les journaux, qui se trouve dans un ouvrage publié dernièrement, serait une sorte de crime ; j'aurais ainsi témoigné que j'applaudissais à la tentative désespérée d'Orsini, et que je trouverais bon que les ouvriers fissent des collections de projectiles, pour les jeter sous les pas de tous ceux dont ils croiraient avoir à se plaindre, sans même se préoccuper des personnes inoffensives qui pourraient entourer les hommes objets de leur animadversion. Je déclare que je n'avais pas prévu que la publication de cette lettre me ferait attribuer de pareils sentiments.

Serait-ce le passage suivant de la lettre qui aurait pu justifier mon expatriation ? « La Liberté que les enfants de l'Italie ont perdue par la faute des Français. » Y a-t-il là une chose qu'Orsini ne devait point dire ? N'est-il pas vrai cependant, qu'au moment où Orsini écrivait ces lignes, en février 1858, alors que l'expédition d'Italie n'avait pas encore eu lieu, tout patriote italien éprouvait une vive peine en voyant que la France avait rétabli à Rome, d'une manière durable, le gouvernement des prêtres? Sans doute, lors de notre intervention, l'on avait quelques raisons de croire qu'en rendant le trône pontifical à Pie IX, on secondait un prince désireux de réaliser d'utiles réformes ; mais en 1858, Orsini pouvait constater que le gouvernement rétabli n'avait encore rien fait de libéral.

Comment Orsini. dès-lors, n'aurait-il pas éprouvé une profonde irritation, puisque les gens à qui l'on avait rendu le pouvoir, se montraient les mêmes que ceux dont le général Bonaparte avait si bien dépeint le caractère. Dans ma grammaire, on peut lire une lettre que le Ministre n'a pas mentionnée dans sa dépêche, parce qu'elle n'est point signée Orsini : On y lit qu'un général républicain, écrivant à Oriani, célèbre astronome, lui disait : « Les savants retirés dans leurs laboratoires s'estimaient heureux que les rois et les prêtres voulussent bien ne pas leur faire de mal. » Plus tard, le même général était encore obligé de dire : « Aucun gouvernement n'était aussi méprisé que celui des prêtres : on est dans la joie d'être délivré du plus ridicule des gouvernements. » (10 février 1797). — « Les discours de ces prêtres italiens, qui ne sont pas animés par l'esprit de charité, de paix, ne respirent point cette touchante onction de sentiment, qui est le style de l'évangile. Jésus mourut, plutôt que de confondre ses ennemis autrement que par la foi. Le prêtre réprouvé au contraire a l'œil hagard ; il prêche la révolte, le meurtre et le sang ; il est payé par l'or du riche ; il a vendu, comme Judas, le pauvre peuple. La souveraineté du peuple, la liberté, c'est le code de l'évangile. » (10 septembre 1797). — *Bonaparte.*

N'étaient-ils point restés les émules des persécuteurs d'Oriani, ceux que le Président de la République de 1848, par sa lettre si célèbre à Edgard Ney, fut obligé de rappeler aux préceptes les plus élémentaires du christianisme ; il fut notamment forcé de dire à ces singuliers représentants du Christ, qu'il ne fallait plus, à l'ombre du drapeau tricolore, commettre aucun des actes qu'ils venaient d'accomplir, et qui dénaturaient le caractère de notre intervention. celle-ci, d'après la déclaration de Louis-Napoléon Bonaparte, devant avoir pour résultat la sécularisation de l'administration, le code Napoléon et un gouvernement libéral.

Qui pourrait approuver l'attentat d'Orsini ? Personne assurément ; mais, sans être criminel, on peut croire son indignation fondée, en constatant que, dix ans plus tard, le résultat espéré de notre intervention n'avait pas été obtenu le moins du monde. Ce fut en vain que le Président de la République avait cru pouvoir dire en 1849 : « Lorsque nos armées firent le tour de l'Europe, elles laissèrent partout, comme trace de leur passage, la destruction des abus de la féodalité et le germe de la liberté. » Ces prêtres italiens si ingrats, qui, le lendemain de la première expédition de Rome, ne parlaient seulement pas du service que leur avait rendu la France, détruisent-ils les abus féodaux, et favorisent-ils le développement du germe de la liberté ? Et la deuxième expédition où s'est accompli le drame si triste de Mentana les a-t-elle rendus plus tolérants ?

Nous le demandons à tout juge éclairé des choses politiques contemporaines, les prêtres italiens sont-ils meilleurs actuellement qu'aux jours d'Oriani ? Faut-il leur parler aujourd'hui plus qu'en 1797 d'esprit de charité, de paix, de sentiments évangéliques ? Soixante-dix ans plus tard se bornent-ils à confondre leurs ennemis par la foi ? Nul observateur des événements actuels ne pourrait s'empêcher de reconnaître qu'à la touchante onction de sentiment qui est le style de l'évangile, les prêtres préfèrent substituer l'excitation au massacre des hommes qui voudraient les obliger à être de dignes représentants du Christ. Avec le denier de Saint-Pierre, qui n'est autre chose que l'or du riche, dont parlait Bonaparte, n'équipent-ils point des soldats ? ne s'empressent-ils pas de se pourvoir d'armes qui doivent réaliser de vrais miracles ? Orsini s'était-il trompé en jugeant que la restauration de ces gens là était quelque chose de funeste à la liberté et à la prospérité de l'Italie ?

Comme ils sont saisissants les vers par lesquels un grand

poëte vient d'apostropher le vieillard qui méconnait si étran-
gement sa mission sur la terre !

> ....Homme près de ta fin,
> Car le vent du sépulcre en tes cheveux se joue;
> Successeur de celui qui tendait l'autre joue ;
> A cette heure, ô semeur de pardons infinis !
> Ce qui plaît à ton cœur et ce que tu bénis,
> Sur cette sombre terre où l'âme humaine lutte,
> C'est un fusil tuant douze hommes par minute.

Quelle aberration !

Que tous les hommes chez lesquels il y a quelque amour
du pays, de l'humanité, se fassent une idée de la peine d'un
citoyen énergique qui voit un peuple voisin venir relever les
ennemis de la liberté. L'indignation que les Français éprou-
vèrent lorsqu'en 1814, 1815, la coalition vint replacer sur le
trône les descendants antipathiques d'une race illustre, ne
fut-elle pas légitime ? Et l'on aurait voulu que, même avant
les journées de Magenta et de Solférino, un citoyen italien
trouvât bon qu'on eût rendu à son pays une institution su-
rannée ! Que diraient les Français si, après une période de
gouvernement libéral, l'étranger venait leur imposer des
princes, leur enlevant les libertés les plus élémentaires? Orsini n'avait-il donc pas quelque raison de dire en 1858 que
la France avait rendu un triste service à l'Italie ? Et est-il
juste de trouver un motif d'ostracisme dans la reproduction
d'une idée qui est l'expression de la vérité?

D'ailleurs, mes adversaires ont été si peu loyaux, que, sachant bien que le nouveau ministre ne pourrait pas lire
tout mon travail, ils ne lui ont mis sous les yeux que les passages les plus propres à lui donner de moi, instantanément
une mauvaise opinion. Ainsi des personnes qui, sans être
bienveillantes pour moi, auraient été seulement impartiales,
eussent dit au Ministre : on peut trouver que M. Couturier a
publié des documents où sont émises des idées qu'on ne partage point, mais dans son livre, il y a bien des passages qui
témoignent de sa franchise, de sa loyauté. » En effet,
à la page 59 (lettre d'Orsini), il est écrit, c'est vrai, que la
France a nui en 1849 à la liberté de l'Italie, mais à la page
44 de la 3e partie de la grammaire, voici comment je m'ex-
prime pour mettre en évidence une figure de rhétorique. :

« L'Empereur Napoléon Ier observe les événements qui
» agitent l'Europe. Son front s'assombrit : le Danemark,
» l'allié séculaire de la France, est accablé par l'Autriche et
» la Prusse. . Toujours dix contre un !... Mais son front
» devient plus sombre : il regarde la Pologne à laquelle ses
» bourreaux portent les derniers coups. La tombe des vail-
» lants Polonais, des Français du Nord, va se sceller, et nul
» ne vient arrêter le funèbre travail : l'Europe n'a que des
» condoléances pour cette immense infortune. L'héroïque
» Pologne redit en vain les paroles de notre poëte national :

» *Rien qu'une main, Français, je suis sauvée.* Hélas !
» quelque nouveau Kosciusko va sans doute faire entendre
» pour la dernière fois cette lamentable clameur : *Finis*
» *Poloniæ.* L'Empereur ému détourne les yeux. Mais il
» sourit à l'Italie : la liberté s'en est approchée avec les vain-
» queurs de Magenta et de Solférino, et il ne doute pas que
» le brillant berceau de sa gloire inouïe ne soit un jour
» *libre des Alpes à l'Adriatique.* »

Combien ce passage, qui se trouve dans le volume une quinzaine de pages avant la prière d'Orsini, atténue la portée de la phrase qui vient d'être discutée ! Que demandait le patriote condamné à l'Empereur des Français ? De ne pas intervenir contre l'Italie, dans les luttes qui allaient s'engager pour l'indépendance de son pays. Mais cet extrait de mon ouvrage fait connaître que loin d'intervenir en Italie contre le peuple italien, l'Empereur Napoléon III, par des victoires mémorables, avait puissamment aidé ce peuple à conquérir cette indépendance que, prince exilé, il avait reconnue être une cause sacrée. Les restes du conspirateur durent tressaillir de joie après les journées glorieuses de Magenta et de Solférino, aussi bien qu'après l'heureux combat de Castelfidardo. Dans quel esprit l'insertion de la lettre du comte Orsini indique-t-elle donc que mon ouvrage a été conçu ?

N'est-ce pas regarder les gens comme des insensés que de les exiler sous prétexte qu'ils trouvent bon l'attentat d'un conspirateur, sacrifiant un grand nombre de gens, sans même être sûr d'atteindre l'objet spécial de sa haine. On ne peut pas plus approuver l'attentat d'Orsini que celui des Saint-Régent, des Fieschi et autres. Sans être de l'avis de ce prélat, qui, en présence d'une agglomération de catholiques et de protestants, s'écriait : « Tuez-les tous, Dieu reconnaîtra bien les siens, » on peut trouver encore quelque grandeur dans l'action des individus qui attaquent les hommes sanguinaires corps à corps : tous les braves gens tiendraient en quelque estime le citoyen ayant débarrassé la terre d'un empereur comme Néron, d'un pape comme Borgia, d'un proconsul comme Carrier ; mais celui qui prétend apercevoir dans la reproduction d'une lettre d'un conspirateur, un signe qu'on approuve son attentat, commet une erreur des plus graves.

Je trouvais la lettre d'Orsini, dont le style est élevé, fort intéressante, parce qu'elle contient les dernières paroles d'un homme voulant la régénération de son pays, alors la proie de l'étranger, des gens intolérants, des despotes, d'un patriote poussé par une idée fixe à un acte de désespoir condamnable, sans doute, mais faisant entendre, au moment de gravir les marches de l'échafaud, des accents ne manquant ni de noblesse, ni de patriotisme, et la preuve que je n'ai pas cherché à nourrir par la reproduction de cette lettre des instincts farouches, c'est qu'aux quelques personnes qui me firent observer qu'à un certain point de vue j'eusse pu faire un meilleur choix, je répondis que, dans une nouvelle édition, je remplacerais la lettre d'Orsini à l'Empereur. par celle écrite à Louis XVIII par le maréchal Moncey, pour refuser d'être l'un des juges de son illustre compagnon d'armes, le Maréchal Ney.

Ah ! si quelque part, dans mon livre, j'avais dit : *On peut faire une action bonne en elle-même, quoique capable de causer la mort d'une ou de plusieurs personnes innocentes, pourvu que celui qui fait cette action n'ait en vue que le bien qui doit en résulter,* je n'aurais pas lieu de me plaindre : j'aurais alors préconisé l'attentat d'Orsini, en proclamant bonne la doctrine de la Saint-Barthélemy, des coups de Jarnac, des assassinats politiques, mais ce n'est pas dans mon livre qu'on trouve ce bel enseignement : il faut le chercher dans un catéchisme publié par un vicaire général, et ce prêtre a reçu les félicitations de plusieurs évêques au sujet de son ouvrage ; et le Ministre de l'instruction publique n'a pas cru qu'il y eût lieu d'intervenir, tandis que M. le Ministre de la Marine a sévi contre moi pour la reproduction simple, sans commentaires, d'une lettre historique.

J'ose espérer que la question de l'insertion de la lettre d'Orsini dans mon ouvrage, sera jugée comme elle le mérite par tous les esprits impartiaux. Ce qu'a dit Orsini, tout italien aimant son pays l'aurait dit à sa place, parce que, non-seulement c'est l'expression du sentiment du peuple d'Italie, mais des Français qui ne sont pas des Basiles, et le nombre en est grand, Dieu merci ! Il faudrait être aveugle pour juger les choses autrement. L'Empereur partant pour chasser les Autrichiens de la Lombardie, est acclamé par un peuple ivre d'enthousiasme ; traversant la France à la tête de nos soldats pour aider les légitimistes et les cléricaux à consolider le pouvoir temporel des papes, il ne trouverait sur son passage que des visages tristes et sévères, et ce silence qui devrait être surtout la leçon des souverains qui sont la création du peuple. Aujourd'hui les acclamations des nations intelligentes ne sont pas plus pour les princes qui soutiennent l'erreur que pour ceux qui n'ont en vue que la sécurité de leur despotisme.

Avant de me rendre en Afrique, je sollicitai que l'on m'accordât un conseil d'enquête, pour que ma conduite fût examinée avec soin, pour que le nouveau Ministre fût édifié sur la décision qu'on lui avait fait prendre à l'improviste. Il y a, en effet, quelque chose qui frapperait l'esprit le moins attentif, c'est que les gens irrités contre moi profitèrent de l'arrivée au ministère de M. Rigault de Genouilly, qui avait bien autre chose à faire que d'apprécier à fond les accusations portées contre un humble employé, pour obtenir une adhésion à une mesure que son prédécesseur eût certainement refusé d'autoriser. Je dis certainement, et je crois pouvoir m'exprimer ainsi : car les notes que l'on plaça sous les yeux de M. Rigault de Genouilly avaient dû être connues de M. de Chasseloup-Laubat, à moins d'avoir été rédigées pour les besoins de la cause.

Peut-être le Conseil m'eut-il dit : En votre qualité d'employé de l'Etat, il y avait lieu, dans ces affaires d'ouvriers, de rester indifférent : « Comment, Messieurs, » aurais-je répondu, « quand des ouvriers seraient venus me dire : Aidez-nous à démontrer respectueusement que nous ne sommes pas traités ainsi que nous devrions l'être ; il aurait fallu les repousser ? Il aurait fallu que j'attendisse d'être à la retraite, pour plaider d'humbles causes ? jusque là j'aurais dû voir l'erreur se commettre et subsister sans en prendre souci, quand bien même l'intéressé aurait fait appel à mon peu d'expérience ? Il semble qu'il serait excessif d'imposer un pareil devoir à un employé de l'Etat ; car enfin, comme homme et comme citoyen, il a bien quelques droits à exercer, et il n'y en a pas qui soit plus indiscutable, je le crois, que le droit d'aider celui qui, livré à lui-même, ne pourrait obtenir le redressement d'une injustice ou d'une erreur. »

On n'aurait pas pu m'objecter qu'il appartenait aux chefs de prendre l'initiative de faire réparer l'injustice ou l'erreur, puisqu'elles étaient le plus souvent commises par eux-mêmes, et qu'il fallait surtout combattre leurs préventions. D'ailleurs, j'engageai toujours les plaignants à s'adresser aux chefs immédiats, et ce n'était qu'après avoir reconnu que l'on ne devait rien espérer de celui qui se montrait inflexible, ou que ceux qui pouvaient faire parvenir la réclamation par la voie hiérarchique, s'y refusaient, que nous passions outre. La pétition insérée à la page 53 de mon ouvrage montre qu'il y avait plusieurs années que celui qui en fait l'objet demandait vainement à être réadmis dans un arsenal. Il s'était présenté maintes fois ; les écrivains publics lui avaient rédigé des pétitions ; tout avait été inutile. Le Directeur, homme humain pourtant, était trop prévenu contre ce malheureux. Nous nous adressâmes alors à l'amiral ; et peu de jours après, l'ouvrier était réintégré. Les choses avaient été mieux appréciées : le Directeur lui même n'avait pas hésité à reconnaître qu'il fallait réadmettre le réclamant sans retard.

L'insuccès des pétitions rédigées par les écrivains publics, me fournit un argument pour répondre à l'objection qu'on aurait pu me faire qu'il fallait laisser à des personnes étrangères à l'administration le soin d'interpréter les réclamations des ouvriers des arsenaux. C'est qu'en effet, il ne suffit pas d'écrire plus ou moins correctement, avec plus ou moins de chaleur, pour que certaines requêtes aient du succès ; il faut encore, dans des cas spéciaux, connaître les décrets, les règlements, l'esprit des lois, etc., connaissance qu'on ne saurait exiger du premier venu ; et il doit être permis à l'employé de prêter le secours de l'instruction qu'il a acquise, pourvu qu'il le fasse sans aigreur, sans manquer de respect à l'autorité, qui, d'ailleurs, dans presque tous les cas, croit être juste en faisant ce qu'elle fait, bien que les choses présentées sous leur véritable lumière, elle s'aperçoive souvent qu'elle s'est trompée.

J'ai vu quelques fonctionnaires ne pas craindre d'affaiblir le principe d'autorité, en s'empressant de revenir sur leur décision, dès que l'intéressé leur avait expliqué sa situation, qu'il peut juger parfois mieux que les chefs de service, ceux-ci devant veiller à tant d'intérêts divers. Fréquemment, il n'y a pas trop de la connaissance des règlements, de l'habitude d'écrire, de la position qu'on occupe, pour qu'une réclamation soit favorablement accueillie. Il me souvient qu'un ouvrier congédié après 18 ans de service, sans la moindre indemnité, en réclama une. Il fondait avant tout sa réclamation sur ce qu'il avait été blessé dans une des luttes qui eurent lieu dans les dernières heures des cent jours : mais le chef de l'atelier déclara que les blessures de l'ouvrier avaient dû être reçues dans des rixes ignobles. Avec une telle déclaration, la cause était perdue ; mais la pétition ainsi annotée devait être transmise par nous à l'Amiral. Un peu avant qu'elle parvînt à ce fonctionnaire, un certificat lui était remis constatant que les blessures de l'ouvrier n'avaient pu être produites que par une décharge de mitraille : dès lors, la cause était gagnée.

Ce n'est point par ostentation que je rappelle ces faits ; je n'en aurais jamais rien dit, sans la situation dans laquelle on m'a placé ; mais je les révèle sans scrupule, pour pénétrer tout le monde de cette vérité, qu'il est des positions permettant à certaines personnes mieux qu'à d'autres, de faire triompher des causes justes, de tendre la main aux plus misérables ; et pour redire avec une conviction profonde que, selon moi, quelle que soit la position de ces personnes, elles doivent aider celui qui sait trop peu, à gagner une cause qui, sans leur secours, serait perdue. Dès l'instant qu'une personne, quelle que soit sa situation, son rang, est conduite à se dire : cet homme n'obtiendra pas justice, si je ne lui prête point mon assistance, il n'y a plus pour elle d'hésitation possible : il faut qu'elle aide son semblable, sous peine d'être misérablement égoïste.

Je puis assurer que le peu que j'ai fait, ne pouvait pas avoir pour résultat d'aliéner des esprits au gouvernement ; au contraire, puisque ma règle de conduite était toujours celle-ci : employer mes faibles moyens à être utile aux humbles qui réclamaient mon assistance, sans montrer d'hostilité envers ceux auxquels le suffrage du peuple avait donné la souveraineté. Il est bien clair, d'ailleurs, qu'un gouvernement ne peut avoir de meilleur appui que la satisfaction qu'éprouve le plus grand nombre en se voyant équitablement traité Toutes les fois que des représentants du pouvoir m'ont demandé quelques explications au sujet de mes rapports avec les classes ouvrières, ils ont reconnu la droiture de mes intentions, et même ceux d'entre eux qui me conseillaient de prêcher la patience aux ouvriers, ne témoignèrent pas qu'ils me considéraient comme un perturbateur, parce que je leur avais répondu qu'il n'était pas facile d'inviter à la résignation des hommes ne trouvant sur leur table, après un rude labeur, qu'une nourriture insuffisante et malsaine, et qui ne pouvaient subvenir aux besoins les plus immédiats de leurs femmes et de leurs enfants.

Le conseil d'enquête m'aurait probablement demandé compte de mes opinions politiques, pour reconnaître le mobile qui aurait pu me conduire à entretenir et à propager l'indiscipline parmi les ouvriers des arsenaux ; aussi crois-je devoir donner un aperçu des opinions que je me suis formées et que je n'aurais point cachées au Conseil. On pourra juger alors si ces opinions sont de nature à justifier la mesure qui m'a éloigné des ouvriers, si elles sont contraires à l'ordre de choses actuel, c'est-à-dire au pouvoir de la famille des Napoléons, par laquelle il semble si naturel à la nation française que la puissance souveraine soit exercée, pourvu que les institutions libérales fleurissent, au pouvoir d'une famille possédant la sympathie de l'immense majorité du peuple, bien autrement que les descendants de la race illustre qui, pendant des siècles régna sur la France, et qui, en ce moment, voudrait recouvrer le trône de ses aïeux.

La branche aînée de cette race est en effet antipathique à quiconque pense un peu, parce qu'elle s'appuie sur le principe du droit divin, principe aujourd'hui si ridicule, mais que malheureusement pour elle il lui est bien difficile d'abandonner, et parce qu'en outre elle ne revint en France qu'à la suite de l'étranger, et en passant sur les cadavres de nos malheureux soldats, tombés en défendant le sol du pays. D'ailleurs, le peuple sait instinctivement que les princes élevés dans ce sentiment que c'est leur droit de régir un peuple, ne parviennent pas à se placer au-dessus des préjugés de leur naissance et de leur éducation, et cette opinion s'est trouvée récemment justifiée par cette déclaration du comte de Chambord, qu'il ne pouvait *consentir* à revenir en France qu'à ces deux conditions : la France restera la servante de l'Eglise ; le peuple français se déclarera le gardien de l'autorité héréditaire et légitime.

La branche cadette, branche d'Orléans, n'a pas régné longtemps, et pourtant elle ne rappelle au souvenir du peuple qu'une période de mercantilisme, de culte des intérêts matériels, qu'une époque où l'homme de caractère, l'homme instruit, l'homme de bon sens, mais pauvre, était compté pour rien, tandis que l'individu sans cœur, sans instruction, pouvant disposer d'un vote par suite de sa richesse, le vendait pour une faveur, et exerçait ainsi une influence désastreuse sur les destinées du pays. Les deux cent mille censitaires de ce temps n'étaient que d'avides sangsues. Quel bon souvenir le peuple pourrait-il avoir gardé de ce gouvernement qui, malgré le sang populaire répandu, ne fut point son œuvre, puisqu'il émanait d'un corps d'électeurs privilégiés ? Le premier roi de cette branche, avec sa paix à tout prix, eut encore le tort si grave, de ne pas sauvegarder l'honneur de la France comme il aurait dû et pu le faire.

Au contraire, Napoléon Ier et Napoléon III, dont les deux coups d'état ont été amnistiés en quelque sorte, par l'immense majorité du peuple, beaucoup, il est vrai, à cause de l'ignorance des choses politiques de cette majorité, n'ont jamais laissé porter atteinte à cet honneur, puisqu'on a même à regretter qu'ils aient entrepris, dans ce qu'ils ont cru sans doute l'intérêt de la France, des expéditions terminées par de lamentables désastres. Puis les Napoléons ne se présentent pas au peuple français comme ayant le droit de régner autrement que par la volonté nationale ; enfin, ce n'est pas l'étranger qui nous les a imposés ; car, chose qui sera une égide pour les Napoléons, jusqu'à ce qu'eux aussi aient commis bien des fautes, c'est que, tandis que des princes peu aimés revenaient s'emparer du pouvoir dans les circonstances odieuses que nous avons indiquées, le chef de la dynastie napoléonienne défendait la patrie pied à pied, en déployant toutes les ressources de son génie, de son héroïsme, de son amour pour la France.

On est dès lors conduit à penser que les Napoléons, soutenus par le prestige de leur gloire, estimés à cause de leur origine populaire, sont dans les meilleures conditions pour régner comme souverains sur le peuple français, pourvu qu'ils laissent prendre un essor légitime à l'esprit de liberté. « Que mon fils, s'il régnait jamais, » écrivait de Sainte-Hélène, le prisonnier d'Hudson Lowe, « donne à la nation autant de liberté que je lui ai donné d'égalité. Qu'il prenne ma devise : *Tout pour le peuple français*, puisque tout ce que nous avons été c'est par le peuple. » Les démocrates, dont je fais partie, croient donc avec le chef de la dynastie que les Napoléons, tout en étant dans la situation la plus favorable pour exercer le pouvoir souverain, doivent laisser se développer les libertés publiques.

Mais de même qu'ils croient qu'on ne doit point profiter d'une situation exceptionnelle pour empêcher le développement de ces libertés, de même les démocrates pensent qu'elles doivent être revendiquées avec énergie. Les démocrates sont-ils blâmables d'être avides de voir le peuple libre? Est-ce sans motif sérieux qu'ils voudraient qu'aucun retard ne fût apporté à l'avénement d'une véritable souveraineté nationale ? Ils appellent de tous leurs vœux le règne de la liberté, parce qu'ils voudraient que la raison dominât de toute sa puissance dans le gouvernement du monde. Il est certain qu'ils sont contre les aberrations d'un pouvoir sans contrôle ; ils ne croiront jamais qu'il soit bon de soumettre une nation tout entière d'une manière absolue à un homme qui aujourd'hui est plein de sens, de génie, mais dont peut-être demain la raison sera obscurcie, et qui, alors même que son intelligence resterait saine, peut avoir son moment de colère, d'imprudence ou d'erreur

C'est à des jours d'erreur du gouvernement personnel qu'il faut attribuer des expéditions qui ne peuvent manquer d'avoir une influence énorme sur l'avenir du pays, et qui ont jeté dans les esprits ces inquiétudes qui se sont manifestées à propos de l'organisation de la garde nationale mobile, par les troubles de Toulouse, de Bordeaux, de Grenoble, etc. Les jeunes gens n'ont pas fait les récalcitrants, parce qu'ils ne voulaient point se mettre en état de combattre pour le pays, dans les meilleures conditions, mais ils se disaient, peut-être, pensant à de regrettables conflits, quand nous serons militarisés, que fera-t-on de nous ? Les Français seront toujours prêts à combattre vaillamment pour une idée utile, noble et généreuse. Ils le montrèrent dès les premiers jours de la Révolution et aussi au déclin de l'Empire ; ils l'ont prouvé sous le second empire, pour les guerres de Crimée et d'Italie ; mais ce n'est qu'avec la plus profonde répugnance qu'ils se voient engagés dans des luttes n'ayant pour objet ni l'intérêt du pays, ni celui de l'humanité.

Tout le monde croit que l'Empereur retrouverait sur son passage les acclamations qui l'accueillirent en 1859, s'il s'agissait d'aider la Pologne à revivre ; les volontaires surgiraient en foule. Cette fois encore, on se battrait pour une idée généreuse, pour la réparation d'une monstrueuse iniquité ; on tendrait la main à une nation martyre qui, depuis un siècle, souffre la passion des nationalités. Combien la France serait heureuse de cicatriser enfin les blessures horribles causées par le plus infâme des guet-apens ! D'ailleurs, on sent bien que ce serait là, en même temps qu'elle serait sainte, une lutte utile à l'avenir de l'Occident. Dans cette lutte, on aurait à défendre, selon le sentiment vrai du prince Czartoriski, non-seulement les intérêts politiques et la sécurité matérielle de l'Europe occidentale, mais son ordre social et moral. Cette lutte doit fatalement s'engager dans un temps plus ou moins éloigné, car l'anéantissement de l'héroïque Pologne laisse presque ouvert à la Russie le chemin du Niémen aux rives du Rhin. La France prendrait part à cette lutte avec enthousiasme ; mais les guerres dont le peuple n'aperçoit pas les causes et le but, les démocrates sont désolés qu'elles s'accomplissent.

Combien aujourd'hui les hommes dont la devise est : tout pour le peuple, sont attristés, en voyant de quelle façon on établit les libertés politiques ! Tous les pouvoirs qui composent le gouvernement émanent du peuple ; tous les hommes qui proposent, font ou adoptent les lois, ne sont que ses délégués, et, chose étrange, ils ne disent pas qu'on rend à la nation des droits dont elle n'aurait jamais dû être dépossédée ; ils disent naïvement qu'on lui fait des concessions. A l'heure présente, le peuple voit, singulier spectacle, après des révolutions telles que celles de 1789, de 1830 et de 1848, l'Empereur entouré d'hommes agissant comme s'ils étaient plus impérialistes que lui, et qui lui nuisent extrêmement, non moins qu'autrefois des personnages plus royalistes que le roi ont nui à Charles X. Du moins, ce roi avait des tendances réactionnaires, mais inexplicable bizarrerie, aujourd'hui des conservateurs qui sentent qu'ils ne représentent plus la majorité éclairée de la nation, et qui sont surtout soucieux de conserver leurs mandats, des hommes la plupart illustres, mais qui n'ont plus l'énergie, la netteté de vue de leur jeunesse, réunissent leurs efforts pour arrêter les pas que l'Empereur conçoit qu'il est urgent de faire vers la liberté.

Et cependant l'on ne peut pas dire que des hommes hostiles au gouvernement sont seuls à prétendre qu'il importe de ne pas comprimer plus longtemps les libertés publiques, qu'il convient de n'en pas donner que des fragments. On ne saurait suspecter le dévoûment à l'Empereur du brave général qui, dans la séance du Corps législatif du 14 mars 1868, disait : « Quand j'ai vu les désordres et les scandales s'abri-
» ter derrière le silence de la tribune et de la presse, quand
» j'ai vu des hommes arrivés à des positions élevées en pro-
» fiter pour en faire l'instrument de fortunes scandaleuses,
» j'ai regretté le régime d'examen, de contrôle et de publi-
» cité qui aurait empêché de pareils abus. »

Les amis du peuple sont de plus remplis d'indignation en voyant qu'il y a encore des gens qui s'évertuent à porter chacun une pierre à l'obstacle qui, selon eux, doit arrêter le progrès. Cet obstacle ne peut arrêter la marche de l'humanité, mais malheureusement elle la ralentit, et c'est pour cela que les libéraux détestent cordialement des hommes se donnant une si triste mission. On a beau comprendre l'inutilité de leurs efforts, on ne peut s'empêcher d'éprouver une vive irritation contre ceux qui veulent soutenir un édifice lézardé dans toutes ses parties. Mais l'espoir des démocrates ne saurait être trompé : leurs adversaires se débattent en vain contre leur destinée ; ils résistent au torrent et s'accrochent au passé ; mais tôt ou tard, ils seront emportés par ce torrent pêle-mêle avec les matériaux de leur obstacle insensé.

Le grand reproche que les gens bornés croient faire aux démocrates, c'est de leur dire : vous rêvez la résurrection de la République. Pour eux, ce mot République a perdu son sens vrai, parce qu'il a retenti au milieu de catastrophes inévitables. Ils ne comprennent pas que ce mot veut dire :

chose publique ; que la dénomination de républicains désigne les amis de la chose publique, les ennemis des priviléges. Qu'importe aux patriotes que le chef de l'Etat s'appelle empereur ou président, si le gouvernement est digne d'un pays libre, si le système d'administration nationale est tel que le pays ne puisse pas, contre son gré, par l'erreur ou le caprice d'un seul, se trouver engagé dans des actes nuisibles à ses intérêts, si les richesses nationales ne sont pas, sans contrôle, exposées au gaspillage, et si les droits des plus humbles sont sauvegardés avec soin.

Les hommes d'ordre et de liberté pensent enfin que si chaque individu veut remplir convenablement la mission pour laquelle il a été créé, il faut que toutes les qualités, placées ou développées en lui par la nature ou l'éducation, soient mises en usage pour alléger les maux de ses semblables et rendre leur sort meilleur. Ils appellent de tous leurs vœux le règne d'une démocratie considérable, où les rangs populaires, après avoir été si longtemps déshérités, et exploités par des habiletés égoïstes, participeront complètement aux bienfaits que peut accorder la civilisation au degré où elle se trouve parvenue aujourd'hui.

Tels sont, si je ne me trompe, les sentiments, les idées des démocrates. Je déclare hautement que je les partage, et je crois que si l'on voulait transporter en Afrique tous les citoyens de la métropole qui ont ces sentiments et ces idées, la flotte tout entière de la France aurait de l'occupation pour longtemps. Mais en quoi ces opinions démocratiques peuvent-elles être hostiles à Napoléon III ? L'Empereur n'est-il pas un véritable fils de la Révolution ? Pourquoi serait-il blessé de semblables opinions, puisqu'il est l'élu de la démocratie ? puisqu'il ne serait rien qu'un prince citoyen, et sûrement encore un proscrit, sans la Révolution et le suffrage universel ? N'a-t-il pas déjà senti lui-même que son gouvernement ne doit pas être trop absolu ? Comment dès lors expliquer autrement que par l'influence d'inimitiés mesquines l'exil d'un démocrate qui n'a jamais été animé envers lui d'aucune haine systématique ?

Quiconque aura lu ce qui précède, aura bien reconnu que je ne parle pas comme un courtisan ; aussi ne suis-je aucunement embarrassé pour déclarer que je n'ai pas eu de sentiments hostiles envers la Famille Impériale, ce dont on m'accuse, évidemment en disant que j'ai agi de manière à entretenir et à propager le mécontentement et l'indiscipline, parmi une fraction importante des classes laborieuses : les ouvriers des arsenaux. C'est une appréciation erronée. Désireux de connaître les sentiments des hommes jouant un grand rôle dans les temps actuels, j'ai lu attentivement les œuvres de Napoléon III, j'ai écouté ses paroles, et toujours j'ai cru apercevoir en lui un de ces politiques éminents, voyant distinctement la ligne que la raison dit de suivre, mais croyant devoir s'en écarter, à cause de certaines catégories d'hommes, qu'au fond ils n'aiment point, mais qu'ils jugent un peu trop puissantes encore, pour qu'il soit prudent de rompre violemment avec elles.

L'Empereur sait mieux que personne qu'entre ces hommes et lui, il n'y a pas d'alliance sincère possible. Il semblerait que de chaque côté on cherche à lutter de son mieux en attendant le moment de terrasser son adversaire ; mais le peuple espère qu'enfin l'Empereur aura l'avantage. A la grande joie des libéraux, il a porté des coups terribles à ses ennemis les plus réels qui lui parlent couverts du masque d'une amitié hypocrite ; malheureusement il leur a fait des concessions qui, terminées par des conflits sanglants, ont été bien pénibles à tous les cœurs généreux. Malgré cela, la nation ne peut croire que Napoléon III ne profite point des enseignements qui abondent dans l'histoire de Napoléon Iᵉʳ au sujet du peu de confiance qu'il lui importe d'avoir en de certaines gens. L'immense majorité des Français se refuse encore à découvrir dans l'élu du suffrage universel, un souverain autre que le véritable successeur de son oncle, c'est-à-dire du grand homme qui, tout en étant le César de la France, se montra avant tout un républicain couronné et le Brutus des papes et des rois.

Quant à moi, lorsqu'après avoir lu ses œuvres composées soit en prison, soit en exil. je l'ai entendu prononcer du haut du trône des paroles telles que celles-ci : « Mon gouvernement a besoin de contrôle. Je puis errer ; mais mes intentions sont honnêtes. Je ne veux que le bien. » — « Il ne doit plus y avoir de pauvreté pour l'ouvrier que l'âge a condamné au repos. » — « Il faut multiplier l'instruction sous toutes ses formes » etc., etc., je n'ai pu me résoudre à supposer que ces paroles ne fussent point l'expression de sentiments sincères, et que l'Empereur ne fût point l'ami des classes laborieuses, ni d'avis que la liberté est indispensable. Evidemment je puis me tromper, et je me tromperais, si, comme le dit Rousseau, ces mots *bien public, bonheur du peuple, gloire de la nation,* n'annonçaient jamais que des décisions funestes, et si le peuple devait gémir d'avance quand le Souverain lui parle de ses soins paternels. Mais je crois ne pas me méprendre, et, dans ces conditions, il est positif que Napoléon III ne saurait avoir d'amis plus sûrs que les démocrates.

Si j'avais eu des idées subversives, en ce qui concerne le gouvernement de l'Empereur, est-il possible de croire que, j'aurais interprété les sentiments des ouvriers, comme je l'ai fait dans quelques cas ? D'ailleurs, je suis bien éloigné de faire remonter au Chef de l'État le traitement dont je suis l'objet. Ce serait de la puérilité : le souverain ne pouvant être responsable de l'action ministérielle de chaque jour. L'homme qui a vécu comme Napoléon III, ne saurait vouloir ne régner que sur un peuple inerte, et ne doit point avoir le cœur assez étroit pour regarder comme un ennemi celui qui, sans lui être hostile, a mis toutes ses facultés au service du peuple.

J'ai dit mes opinions, j'ai exposé les actes pour lesquels on a cru pouvoir se donner la satisfaction de me reléguer en Afrique. Je crois que je puis en appeler d'une pareille mesure à toute personne qui n'est pas dépourvue du sentiment du juste et dont le cœur recèle quelques fibres généreuses. Il ne s'agit pas ici d'entendre les lois, les règlements : la loi des lois, c'est la justice naturelle qui parle à la raison et au cœur de tous. Il n'y a pas de loi qui puisse raisonnablement m'empêcher de faire ce que j'ai fait, ni de penser ce que je pense : nulle loi ne pouvant nous imposer un devoir faux ni nous enlever un droit vrai.

Pour que mes juges naturels entendissent favorablement mon appel, il faudrait que l'on ne fût pas assez timoré pour craindre d'affaiblir le fameux principe d'autorité. Il est admis en règle des plus générales, qu'un supérieur ne peut pas avoir pris une mesure injuste envers un inférieur. En vain pourrait-on relever nombre d'erreurs commises par un chef, il ne doit pas s'être trompé. Qu'une foule d'individus restent victimes de l'injustice, de l'arbitraire plutôt que la moindre atteinte soit portée à ce principe : voilà la maxime. Quelle est respectable ! J'ai donné un exemple frappant de ce que je viens de dire.. L'injustice commise envers cet ouvrier honnête et dévoué à l'Empereur, renvoyé sans pension après 23 ans de services, était éclatante. Cependant, on le sait maintenant, il fallut ne pas se lasser de pétitionner, et un changement de ministre pour qu'enfin cette monstrueuse iniquité fût réparée.

Et cependant l'autorité ne perdrait rien à reconnaître que parfois elle peut se tromper ; car les prétentions à l'infaillibilité n'en imposent à personne ; et sans aller chercher nos exemples en dehors du cadre de ce plaidoyer, que l'on se souvienne qu'en 1863 les contre-maîtres des arsenaux s'adressèrent au Sénat, pour que leur pension de retraite fût mise en rapport avec leur solde d'activité. Le Sénat, à l'unanimité, prononce l'ordre du jour : il n'y avait lieu de rien faire, pas plus pour le présent que pour l'avenir ; et néanmoins un peu plus tard, la pétition est renouvelée, et, en plein Corps législatif, le Commissaire du gouvernement déclare qu'il y a réellement lieu d'exaucer le vœu des contre-maîtres. Quel enseignement il y a dans ces choses pour celui qui les observe attentivement !

Rien n'est plus respectable que le principe d'autorité ; mais encore ne faut-il pas que ce soit l'autorité du bon plaisir. Louis XVIII, remis par l'étranger sur le trône de France, et disant : « cela sera fait ainsi, parce que tel est notre bon plaisir, » excitait dans les âmes cette indignation nationale, qui devait assurer au glorieux exilé de l'Ile d'Elbe, une marche triomphale du golfe Jouan aux Tuileries. Aujourd'hui, on s'abstient d'employer de pareils termes ; mais, par malheur, dans beaucoup de cas, le vieux système trouve encore son application: J'ai déjà cité quelques exemples à l'appui de cette assertion, j'en citerai encore un qui sera démonstratif au dernier point :

Au moment où la pension des contre-maîtres allait être améliorée, une dixaine d'entre eux, à Toulon, se trouvaient avoir été admis à faire valoir leurs droits à la retraite ; mais le chiffre de leur traitement de pensionnaires n'était pas encore déterminé. Ils font appel à l'Empereur, puis au Prince impérial, pour obtenir que leur pension ne fût réglée qu'après la promulgation du décret. Mais on avait résolu de les sacrifier, justement à cause de l'énergie avec laquelle ils tentaient de sauver leurs derniers jours de la pénurie ; on leur en voulait de ce qu'ils avaient sollicité une suprême intervention, et pourtant ils avaient instinctivement compris que c'était là leur dernière chance de salut ; finalement, la veille du jour où le décret fut promulgué, on leur faisait connaître qu'on ne pouvait revenir sur la décision qui avait prononcé leur admission à la retraite.

Hé bien ! je me fais fort de prouver, à l'aide de documents récents et officiels, que des personnes pensionnées ont pu être relevées de la position de retraite, ce qui est autrement grave que de déclarer nulle une simple admission à cette position. Je prouverai que ces personnes ont été maintenues pendant plusieurs années encore au service, et ont pu bénéficier des avantages d'un décret plus rémunérateur. Il est vrai qu'il ne s'agissait pas de membres du personnel ouvrier. Mais je dis que ceux qui emploient ainsi des mesures différentes, selon la catégorie des individus, sont plus dangereux pour le pouvoir que ceux qui, comme nous, utilisent leurs faibles aptitudes pour que le peuple soit traité avec une égalité relative.

En vain l'autorité se persuade-t-elle que la plèbe, la vile multitude, comme ont dit un ancien ministre et un sénateur, ignore ces choses. Elle les connaît parfaitement, et de tels actes, auxquels évidemment le Souverain est étranger, inspirent à cette plèbe, à cette vile multitude, un profond mécontentement, et constituent bien plus ce qu'on appelle l'excitation à la haine et au mépris du gouvernement que les opinions exagérées émises par les ennemis dits systématiques ; car le peuple sait assez bien faire justice des opinions qui ne prennent pas leur source dans l'appréciation vraie, modérée des choses, tandis que le traitement inégal dont il est l'objet le blesse grièvement. Le peuple est désireux de jouir de la liberté ; cependant, peut-être est-il encore plus avide d'égalité.

Nous plaidâmes la cause des dix contre-maîtres jusqu'à la dernière minute ; et l'on nous en voulut beaucoup de cette juste opiniâtreté. Et cependant on trouve naturel que lorsqu'un malheureux a été condamné à mort, il implore la clémence du Souverain. Mais dans l'affaire dont nous nous occupons, il y avait, pour plusieurs de ces contre-maîtres, une question de vie ou de mort ; en effet, après avoir eu en activité 1,400 fr., 1,500 fr., ils n'avaient plus en retraite que 415 fr., après 25 ans de service, et la plupart n'avaient jamais eu de patrimoine, ni pu réaliser d'économies, par suite de leurs charges de famille, et ils ne pouvaient plus travailler. N'obtenir que juste assez pour ne pas mourir de faim, après avoir joui d'une honnête aisance, n'est-ce pas pour un vieillard et sa compagne, s'il l'a toujours, un véritable arrêt de mort ?

Si nous avions fatigué le Souverain et le Prince impérial, alors qu'à ces braves serviteurs c'était une règle uniforme, commune, qu'on avait appliquée, nous n'aurions pas été raisonnables ; mais qu'on juge des effets produits par la loi des pensions ! Tandis que par suite de l'application des tarifs de cette loi, il nous serait facile de le démontrer, des officiers, agents, employés, ont à la retraite plus qu'ils n'avaient eu en activité de service, des contre-maîtres se trouvaient n'en avoir pas le tiers. Jamais le droit de pétition à la bonté, à l'équité souveraine, n'avait été plus légitimement mis au service d'une cause, surtout dans un moment où un décret allait permettre de réparer une erreur des plus graves. En effet, le rejet de leur demande est daté du 15 janvier 1867, et le décret instituant des chefs-contre-maîtres, grade créé principalement en vue de la juste amélioration de la pension des contre-maîtres, porte la date du 18 du même mois.

Est-il possible à un ami des ouvriers de voir ces choses s'accomplir sans en être affecté ? Pour ma part, je ne le puis, quels que doivent être pour moi les résultats de ce manque d'indifférence. Au moment où mon esprit se trouva assez mûri pour me solliciter de prendre une détermination au sujet de la route à suivre pendant le reste de ma carrière, deux chemins s'ouvraient devant moi ; sur l'un, il fallait se dire : en somme, bien vivre est la principale affaire : chacun pour soi, la Providence pour tous. Sur cette route j'aurais trouvé, c'était possible, un excellent emploi, quelques honneurs. Sur l'autre, au contraire, il fallait se répéter sans cesse : « Fais pour les autres ce que tu voudrais que l'on fît pour toi. Chacun se doit à tous, comme tous se doivent à chacun. » Dans cette voie, il est vrai, on rencontre bien souvent la misère, la prison, l'exil. J'ai cependant préféré suivre ce dernier chemin, et je ne me repens point d'en avoir fait choix ; j'ai même la confiance que, sans avoir dévié, j'en atteindrai le terme.

Une fois ma détermination prise, je n'ai plus été préoccupé que de réparer les fautes que l'inexpérience m'avait fait commettre, et d'aider mes semblables autant qu'il était en

mon pouvoir. Ceci m'a valu la défaveur et une sorte de pros-
cription ; mais je persévérerai, parce que je crois — et l'avis
de beaucoup d'hommes éminents m'a confirmé dans ma
croyance — qu'en agissant comme je l'ai fait, je n'ai obéi
qu'à l'impulsion de sentiments qui sont loin d'être mauvais.
Tant que je serai capable de tenir une plume, elle sera à la
disposition de l'homme des classes laborieuses qui aura besoin de plaider une juste cause ; et, en gardant cette résolution, je pourrai toujours serrer la main des amis que je
compte dans ces classes, sans craindre leurs reproches : ils
reconnaîtront de plus en plus, au contraire, que je ne les ai
pas trompés, en leur assurant que je leur serais toujours dévoué.

Je ne regrette pas d'avoir tenu la conduite qui a été la
mienne. Je n'ai accompli que mon devoir en aidant les ouvriers. Les fils du peuple refuseraient de remplir leur plus
belle mission, s'ils n'embrassaient pas vaillamment la cause
des classes laborieuses. Dans ce moment, c'est pour eux une
tâche à laquelle ils ne peuvent se soustraire sans une apathie
coupable ; n'hésitons pas à le dire, sans forfaire à l'honneur ;
car alors ils déserteraient leur véritable poste. Nul d'entre
eux ne peut refuser son aide à cette grande œuvre de la ré-
demption des rangs d'où il est sorti, qui sera le triomphe
infaillible de la liberté humaine. Oui, le devoir des jeunes
gens nés du peuple, est de se tenir au milieu des travailleurs,
de marcher sur les traces des hommes qui ont fait 89 ; le
peuple compte sur eux, et ils ne tromperont point son espérance. Il leur appartient de réaliser l'œuvre rêvée par nos
ancêtres de la Révolution, et de créer la société à laquelle ces
hommes surprenants voulaient donner l'existence, et qui est
si loin encore d'être constituée.

Oui, ma conviction devient de plus en plus profonde que
le devoir rigoureux de celui qui, né dans les rangs plébéiens,
s'est fait avec l'instruction une arme d'une certaine force,
est de chercher sans cesse les moyens d'être utile à ces
rangs ; il doit moralement y rester en permanence, sans doute
pour leur apprendre à chérir les âmes généreuses qui se ré-
vèlent dans toutes les conditions, mais aussi pour seconder le
peuple dans la manifestation de ses vœux légitimes, pour l'aider à flétrir l'iniquité, à proclamer les droits sacrés de la justice pour tous, pour demander la réforme des lois préjudi-
ciables aux prolétaires, pour revendiquer une liberté non
mutilée ; pour soutenir les classes laborieuses dans la lutte
envers tous ceux qui ont mis leur intérêt privé en opposition
avec l'intérêt général, envers tous ceux qui protestent contre
les vérités prouvées par la science, contre les tolérances de
leur temps, en quelques mots, envers tous les égoïstes et les
réactionnaires.

Heureusement que, par la diffusion de l'instruction, la lé-
gion des hommes dédaignant le bien-être conquis par le sa-

crifice des grands principes, deviendra de plus en plus nombreuse. L'indépendance, le désintéressement, le courage civil, seront les lois élémentaires de ces hommes. Toujours prêts à supporter l'injustice, l'ingratitude, ils deviendront incapables des tristes défaillances que l'on voit se produire si souvent de la part même de gens ayant longtemps marché dans une voie libérale, défaillances qui ont jeté dans le peuple tant de défiance, qui lui ont inspiré un si souverain mépris envers la plupart de ceux qui se proclament ses amis. Alors — ainsi que vient de l'assurer un homme célèbre — les enfants du peuple remporteront la victoire qui seule soit digne d'eux : celle du droit et de la vérité, dont les triomphes passagers de la force ne détruiront jamais l'immortelle puissance.

La diffusion de l'instruction, tout est là ; et bien des gens ont vu dans ce que l'Empereur a fait pour que cette diffusion s'accomplisse, dans son choix, pour cet objet, d'un ministre estimé libéral, une raison de croire qu'il voudrait que la liberté régnât un jour. La misère du peuple, sa faiblesse dans certaines circonstances, son énergie trop sauvage dans d'autres, son ingratitude pour ceux qui l'aiment et l'assistent, sa servilité pour ceux qui l'affectionnent peu, mais qui dominent, tout cela est le résultat de son ignorance. Si la majorité du vrai peuple était instruite, serait-il possible qu'on agît envers lui comme on le fait d'une manière permanente. Le jour où cette majorité aura une bonne entente de toutes choses, l· rôle des ennemis des classes laborieuses sera fini , le règne des despotes, des présomptueux, des égoïstes sera terminé.

Ils s'évanouiront comme de pitoyables fantômes, pour ne plus jamais reparaître, ces gens qui, encore aujourd'hui, ont l'espoir d'obscurcir l'entendement du peuple en lui faisant croire des fables plus absurdes les unes que les autres. Au lieu des individus faisant du fruit de leurs études un si étrange usage qu'ils veulent mettre à la place de la morale le mépris profond de soi-même, l'affaissement de la dignité personnelle, l'oblitération systématique de la raison et de la conscience, d'autres hommes surgiront qui, laissant la poussière de l'oubli se répandre sur des contes ridicules, nous apprendront les actions magnanimes, les lois magnifiques, les victoires remportées par l'humanité en des jours qui ne furent point exempts de violence ou d'erreur, mais qu'on aperçoit au milieu d'un rayonnement de grandeur et de liberté.

Je le dis encore : l'instruction tout est là. Sans l'ombre de savoir que je suis parvenu à acquérir, aurais-je pu aider mes semblables comme je l'ai fait ? et pourtant ce que j'ai pu faire est bien peu de chose ! Aurais-je un attachement aussi ferme aux grands principes de charité, de liberté, de justice, si à l'aide de quelque instruction je n'avais pu parvenir à comprendre, à méditer les œuvres des Pascal, des Montesquieu, des Lamennais, des Rousseau, des Voltaire.? Il y a longtemps que la plupart de ces puissants génies ont écrit contre les préjugés et l'intolérance, pour le droit et la liberté et le peuple ne connaît pas, pour ainsi dire, le premier mot de leurs œuvres.

Et si nous avons cru pouvoir citer ces noms illustres, c'est que par instruction, nous n'entendons pas simplement savoir lire et écrire. Nous parlons de cette instruction qui permet de porter sur les choses politiques, un coup d'œil assez pénétrant, assez sûr, qui met en état d'apprécier comment se font les lois. Le jour où le peuple aura cette faculté de saine appréciation, il s'apercevra, sans doute, que maintes lois n'ont pas été faites à son avantage, au contraire. Par exemple, en ce qui concerne la loi réglant les pensions de la marine, en l'étudiant avec soin, on s'aperçoit que le législateur a été préoccupé de traiter le personnel de cette arme, comme s'il se composait de deux catégories de serviteurs inégaux en droits.

Avant de me charger d'interpréter les réclamations des ouvriers pour les points relatifs à la loi dont il s'agit, je fis de ce document important une étude approfondie, et j'acquis cette conviction, que c'était une loi antidémocratique. Pour que cette conviction me parût bonne, je la soumis à l'appréciation de personnes ayant de ces questions une intelligence très-nette, et elles me dirent qu'en effet, la principale loi des pensions, promulguée en 1831, avait été faite sous l'influence exercée par une agglomération de privilégiés, et qu'en 1861, au lieu de faire subir à cette loi les modifications radicales que rendait obligatoires la nouvelle constitution de la société, on avait conservé de la loi de 1831, les dispositions favorables aux hommes gradés, et défavorables au peuple. Je plaidai la cause dans ce sens, mais quand on s'aperçut que nous projetions une trop vive lumière sur les erreurs, les vices de cette loi bizarre, on prit la résolution de nous envoyer en Afrique ?

Combien les gens qui proscrivent un défenseur des droits des ouvriers, connaissent mal les misères des classes laborieuses ! autrement ils seraient trop odieux. Ils doivent passer près de l'enfant pieds-nus, sans éprouver d'émotion. Les êtres qui leur sont chers, étant sans cesse entourés de tout le confortable possible, ils n'ont qu'une faible idée de la gravité des misères qui régnent ailleurs. Ils n'ont jamais pénétré dans ces demeures où tout annonce la pénurie ; où l'on ne peut donner à l'aïeule malade les soins les plus nécessaires ; où l'ouvrier qui espérait pouvoir bien nourrir les siens du fruit de son travail, se voit parfois, dans l'impossibilité de leur donner même du pain ; où le vieillard, après de longs et bons services, termine ses jours dans une profonde détresse. S'ils entrevoyaient bien ces choses, ces hommes qui, dans chaque période de leur carrière, vivent dans l'abondance de tout, qui, en ne servant plus l'État, ont encore des milliers de francs de pension, ils ne trouveraient pas mauvais que l'on défendît avec obstination les plus légers intérêts du vieillard, de la veuve et de l'orphelin.

A quiconque me dirait : Vous n'aviez pas à plaider les causes des ouvriers, je n'aurais qu'à poser cette question : Aurait-on rendu justice aux hommes dont j'ai interprété les plaintes, si je ne les eusse assistés ? L'homme de bon sens me répondrait assurément ; « je conviens que c'est douteux. » Je puis encore citer un fait : En ce moment même, je connais un ouvrier à qui il est dû une somme assez importante que probablement il ne recevra jamais. Pour obtenir cette somme l'ouvrier fait une réclamation. Un chef de service trouve qu'elle est fondée ; un autre pense le contraire. On met sous les yeux de ce dernier des documents lui démontrant qu'il est dans l'erreur ; mais par suite d'un froissement d'amour-propre, il laisse les choses traîner en longueur ; des mois s'écoulent ; l'ouvrier est obligé de s'éloigner, et, livré à lui-même, il ne sait plus aujourd'hui comment faire valoir son droit. Et quand on pense que si une faible somme avait été due au chef de service peu pressé, il eut été si actif à se la faire payer.

J'affirme qu'un véritable ami du peuple, qu'un homme ayant un sentiment assez vif du juste, de l'honnête ne pourra jamais voir ces choses avec indifférence. Que dirait-on d'un fils laissant maltraiter son père, en sa présence, sans lui porter secours ? Tout le monde le déclarerait misérable et lâche. Cependant ! ces qualifications sont, dans l'ordre moral, aussi bien méritées par celui qui, sorti des rangs du peuple, laisse dépouiller. avilir, maltraiter le peuple. Je vais plus loin, je dis que c'est encore un misérable et un lâche, celui qui, en présence des injustices commises envers les classes dites inférieures, ne forme, pouvant les aider. que des vœux stériles, pour qu'elles gagnent leur cause par leurs propres moyens, si ces moyens paraissent devoir être insuffisants.

L'enfant du peuple qui refuse de le seconder, dans la crainte de retrouver la pénurie des jours d'autrefois, fait preuve d'une insigne faiblesse, aussi préjudiciable au gouvernement, quand même il voudrait le bien, qu'elle est préjudiciable au peuple : parce qu'on pourrait croire positivement qu'il y a des hommes se plaisant à voir le peuple agité d'une manière permanente. Combien des gens pareils seraient dangereux pour un pouvoir : tout en protestant de leur dévoûment à un souverain, ils entretiendraient avec soin la désaffection populaire, sachant bien qu'ayant pour piédestal l'amour de la nation, le gouvernement qui n'est pas de leur choix, serait indestructible. Plus d'un fait a été de nature à donner à penser qu'il y a des hommes de ce genre. Par exemple le règlement du 18 janvier 1867, en créant des chefs-ouvriers disait formellement que la position des anciens aides resterait intacte ; cependant il y a un port où tout aide qui aussitôt après la promulgation du décret n'a pas déclaré consentir à être chef-ouvrier, a été considéré comme paresseux, et, contrairement aux intentions ministérielles, s'est trouvé privé de l'amélioration de solde ou de grade sur laquelle il pouvait justement compter. On a déjà constaté quelle opiniâtreté regrettable on avait employée pour que quelques malheureux contre-maîtres ne pussent être l'objet d'une décision impériale, qui eut produit un grand effet sur les populations maritimes. Pourtant les gens qui agissent ainsi, croient devoir en signaler d'autres comme des perturbateurs.

Et il est triste de penser que ces gens trouvent parmi les classes laborieuses des transfuges qui les aident à nuire au peuple ; aussi ne puis-je terminer, sans prendre la liberté de donner aux ouvriers le conseil de bannir de leurs rangs la discorde, la délation. J'ai vu avec douleur, dans quelques cas, de vrais travailleurs, je ne parle pas des agents secrets qui se glissent partout, fonder l'espérance d'une augmentation de leur bien-être, sur la trahison envers leurs camarades, sur la divulgation de ce que des gens dévoués voulaient faire pour eux. C'est là quelque chose de navrant, de funeste au plus haut degré. La tactique des ennemis des classes laborieuses est de les diviser pour les exploiter. Combien il est misérable, celui qui trahit ses frères ! Comment peut-il manger, sans le trouver bien amer le pain de la délation ? Comment peut-il, sans regret, susciter du mal à ceux qui le défendent lui aussi ?

Toutefois, il n'est pas moins étonnant qu'aujourd'hui il y ait encore des fonctionnaires se préoccupant plutôt de frapper fort que de frapper juste. Le moindre esprit d'examen, la moindre initiative les offusque : ils ne voudraient toujours commander qu'à des gens agissant d'après leur seule impulsion à eux, et ne sachant, quand ils décident, que répondre : vous avez raison. Ils finissent par croire tellement en leur infaillibilité, en leur puissance, que, comme les ministres des Charles X, des Louis Philippe, ils disent avec stupéfaction, dès que certaine circonstance témoigne d'un réveil de l'esprit public : le peuple ose bouger, il bouge ; et si c'est un individu dans une humble position qui émet quelques idées, ils s'écrient : cet être infime ose croire que nous nous trompons ; il se permet de penser, de juger, et au lieu de songer à faire sa position, il s'inquiète que justice soit rendue à d'autres. C'est d'un fâcheux exemple : il faut sévir ; et désormais il sentira le besoin de se taire et de ne s'occuper que de lui.

J'ai pensé qu'au contraire, il y avait pour moi nécessité de protester, et bien des personnes me sauront certainement gré de n'avoir pas craint de m'élever contre l'arbitraire, et d'avoir donné l'exemple d'un peu d'énergie. Car, comme l'a dit un orateur admiré par la France entière, si le devoir des gouvernements est de respecter les droits de chacun, et celui de la justice de les faire respecter, celui des citoyens est de les affirmer sans cesse, afin que, par cette triple action, le niveau moral s'élève constamment et rende à la fois possible et nécessaire l'application toujours plus étendue du principe de la liberté. D'ailleurs, quel est l'homme de cœur qui n'éprouverait une sorte de pitié, en voyant un citoyen maltraité ne pas oser élever la voix pour démasquer l'injustice. Pour bannir de son âme toutes les irrésolutions, l'homme voulant être digne de ce nom, doit se représenter nos pères au début du plus grand des faits sociaux : Ils n'avaient point d'indignes appréhensions ceux qui revendiquèrent les droits du peuple avec une si admirable persistance !

En terminant, puisque, quand j'ai été envoyé en Afrique, un conseil d'enquête m'a été refusé, j'ai l'honneur d'adresser à S. Exc. le Ministre de la Marine, la présente protestation contre la mesure prise envers moi. Quiconque aura lu ce plaidoyer reconnaîtra, j'en ai l'espoir, que l'on n'a pas eu de raisons suffisantes de procéder à mon égard comme on l'a fait. En résumé, de quoi peut-on m'accuser ? Uniquement d'avoir, étant employé de l'État, fait servir mes faibles connaissances dans l'intérêt des classes laborieuses. Le fondateur du christianisme a-t-il donc admis qu'il pût y avoir des situations où il ne faut point appliquer ces préceptes : « Ayez de l'affection les uns pour les autres ; aidez-vous mutuellement ? » On ne peut me reprocher que d'avoir des opinions qui prévaudront partout un jour ; car elles sont conformes aux grands principes de la Liberté, de l'Egalité et de la Fraternité.

S'apercevra-t-on, après les explications que je viens de donner, qu'il n'y avait pas lieu de sévir contre moi ? Il ne serait pas raisonnable de l'espérer ? On cherchera plutôt les moyens de sévir encore ; mais quelles que soient les mesures que l'on prenne à mon sujet, j'espère que j'en supporterai les inconvénients avec fermeté, en pensant que je ne les éprouve que pour avoir fait mon devoir strict d'homme et de citoyen. Que l'opinion publique, reine du monde, a dit Pascal, me soit favorable, et le reste n'aura plus pour moi qu'une importance secondaire, parce que je m'estimerai toujours plus heureux d'être l'objet de la défaveur, de l'arbitraire, pour avoir compâti aux maux des travailleurs, pour avoir essayé de contribuer à alléger ces maux, que je ne le serais, si j'avais une position brillante et des honneurs pour m'être montré égoïste ou servile.

COUTURIER,
Officier de l'administration de la Marine,
Instituteur primaire.

Alger. — Imprimerie F. PAYSANT et Cⁱᵉ, rue des Trois-Couleurs, 19.